Aus dem Französischen übersetzt
Originaltitel: »Méditations au lever du soleil«

Omraam Mikhaël Aïvanhov

MEDITATIONEN BEIM SONNENAUFGANG

323 De

PROSVETA VERLAG

© 1993, Éditions Prosveta S.A., France, ISBN 2-85566-553-1
Französische Originalausgabe

© 1997, Prosveta Verlag, Deutschland, ISBN 3-89515-011-8
Deutsche Ausgabe: »Meditationen beim Sonnenaufgang«

ISBN 978-3-89515-011-1

Druck 2007: Interpress, Ungarn

Inhalt

Vorwort

Die Meditation beim Sonnenaufgang ist ein Brauch, der von Meister Peter Deunov in Bulgarien eingeführt wurde, und sie ist eine der wichtigsten von den Übungen, die Omraam Mikhael Aivanhov empfiehlt.

In seinen Vorträgen war Omraam Mikhael Aivanhov immer bestrebt, ihren Sinn und ihren Reichtum zu vertiefen und zu enthüllen. Diese Broschüre ist als Hilfe für alle gedacht, die sich mit dieser Übung vertraut machen wollen und enthält einige Themen zur Meditation. Wichtig ist auch zu wissen, dass sie zu einem weit umfassenderen System gehört, in dem die Sonne als Symbol eine zentrale Rolle spielt. So raten wir dem Leser, der an einem vollständigen Überblick interessiert ist, sich dem Buch »Sonnen-Yoga – Die Herrlichkeit von Tiphereth« (Band 10 aus der Reihe Gesamtwerke von Omraam Mikhael Aivanhov) zuzuwenden.

Es geht um die innere Betrachtung der Sonne, für die die äußere Betrachtung nur ein Hilfsmittel ist. Der Sonnenaufgang darf zum Schutz der Augen nur mit Sonnenbrille betrachtet werden und selbst dann nur für sehr kurze Momente mit geöffneten Augen.

Der Herausgeber

I

SICH VORBEREITEN

Um ein klares Bewusstsein zu erlangen, was diese lichtvolle, wärmende, belebende Kraft, die Sonne, darstellt, um sie richtig zu verstehen und aufzunehmen, um ihr gegenüber ein Gefühl der Heiligkeit, der Innigkeit, der Reinheit zu empfinden, müsst ihr euch vorbereiten.

Was bedeutet es, sich vorzubereiten? Das ist einfach. Ihr müsst euch eine Lebensweise aneignen, die es erlaubt, euch jeden Tag mehr der Quintessenz der Sonne anzunähern. Dazu gehört, bereits am Vorabend einiges zu beachten: leichter zu essen, früh genug ins Bett zu gehen, um am nächsten Morgen nicht schläfrig zu sein. Ganz besonders aber lasst euch nicht in Streitereien ein oder in Situationen verwickeln, deren Bilder euch dann noch beim Sonnenaufgang verfolgen und an der Konzentration hindern. Sonst kann die Sonne lange da sein, während ihr der Sonne gegenüber sitzt, aber ihr spürt sie nicht wirklich.

Natürlich empfindet ihr immer ein physisches Wohlbefinden aufgrund ihrer Wärme und ihres Lichts, aber die feinstofflichen Elemente, die euch bei eurer spirituellen Entwicklung helfen können, werdet ihr nicht empfangen.

Ordnet daher am Vorabend alles so, dass ihr innerlich frei seid, damit das Denken klar und das Herz friedvoll ist, ohne noch irgendetwas regeln, bedauern oder wiedergutmachen zu müssen. Schlaft ein mit den besten Gedanken und Gefühlen, mit der Vorstellung, dass ihr am nächsten Morgen durch die Sonne dem Herrn Selbst begegnen werdet. Auf diese Weise ebnet ihr während der Nacht den Weg, und am nächsten Morgen erscheint ihr wach und empfänglich vor der Sonne und denkt: »Der Himmel spricht, die Engel sprechen, sie senden uns Botschaften... Mein Herr und Gott, danke! Ich kann heute ein wenig weiser, ein wenig liebevoller, ein wenig gesünder werden...« So werdet ihr die besten Bedingungen schaffen, um diesen Reichtum zu empfangen, der sich unaufhörlich aus der göttlichen Quelle, der Sonne, ergießt.*

* Die Anforderungen für die Meditation zum Sonnenaufgang sind die gleichen wie für jede andere Meditation. Der interessierte Leser wird einige nützliche Erläuterungen in der Broschüre Nr. 302 »Die Meditation«, ebenfalls von Omraam Mikhael Aivanhov, finden.

II

AUF DEM WEG ZUM SONNENAUFGANG

Schon wenn ihr euch auf den Weg zum Sonnenaufgang macht, dann denkt, dass ihr einem lebendigen Wesen begegnen werdet und dass die ganze Natur um euch ebenso lebendig ist. Das ganze Universum ist von zahllosen Geschöpfen bevölkert, die zwar unsichtbar, aber doch wirklich da sind. Richtet daher einen Gruß an sie. Sagt all diesen Geschöpfen, die durch die vier Elemente Erde, Wasser, Luft und Feuer in Erscheinung treten, dass ihr sie liebt und ihre Arbeit zu schätzen wisst, dass ihr ihnen für die Klarheit dieses Morgens dankbar seid und für all das erwachende Leben.

Sobald ihr euch auf den Weg zum Sonnenaufgang begebt, solltet ihr in eurem Kopf und eurem Herzen den Gedanken tragen, dass ihr diesem großartigen Ereignis, das sich im Universum vollzieht, nicht nur beiwohnen, sondern bewusst an ihm teilnehmen wollt. Was gibt es Schöneres und

Wesentlicheres als die Geburt des Tages? Ihr meint, dass eure Gegenwart nichts ändern wird und der Tag beginnt, ob ihr dabei seid oder nicht. Sicher, aber für euch selbst ist es wichtig; denn es besteht eine Verbindung zwischen dem Geschehen in der Natur und dem Geschehen in euch. Wenn ihr erst einmal wisst, wie ihr die aufgehende Sonne betrachten sollt, dann versteht ihr auch, wie wichtig die Arbeit mit den Kräften des Tages ist, um auch in eurem Bewusstsein den Tag zu erwecken.

III

DAS WIRKEN DER SONNE: DAS WIRKEN DES GEISTES

Wahre Spiritualität kann sich mit der Arbeit der Sonne auf der Erde vergleichen. Unsere Sonne, das heißt unser Geist, aktiviert und belebt unseren Körper, damit Gesundheit, Licht und Fülle in uns wohnen. Wenn unser Geist jeden Tag unser ganzes Wesen erhellt und reinigt, beginnt das neue Leben in uns zu kreisen. Solange aber die Sonne, unser Geist, abwesend ist, ist keine Entfaltung möglich. Alle kennen die Sonne und wissen, dass sie ihr Licht und ihre Wärme verteilt, aber sehr wenige denken daran, sie in ihr Herz und in ihre Seele einzuführen als ein Symbol von Kraft und Leben. Wer lernt, täglich in sich selbst die Sonne aufgehen zu lassen, der nähert sich der Auferstehung.

IV

SICH REGEN

Ihr beklagt euch, dass der Himmel eure Gebete nicht erhört... Aber es ist ganz normal, dass ihr nicht erhört werdet; denn für euch bedeutet beten, vom Herrn zu verlangen, dass Er euch dort aufsucht, wo ihr euch gerade befindet! Ihr ändert nichts an eurem Verhalten, an eurem Denken und bildet euch ein, dass der Herr kommen wird, um euch aus der Hölle zu ziehen, in die ihr euch selbst begeben habt. Dies ist genau so, als wenn ihr, in eine Grotte oder eine Höhle eingesperrt, die Sonne anfleht, euch Licht zu bringen! Glaubt ihr, dass ihr erhört werdet? Ihr müsst selbst hervorkommen, um ihr Licht zu empfangen. Was stellt eine Grotte, eine Höhle, dar? Es sind alle niederen Äußerungen eures Intellektes und eures Herzens, alle üblen Gewohnheiten, die ihr nicht aufgeben wollt. Und darum bleibt ihr in Dunkelheit und Kälte.

Indem ihr dem Sonnenaufgang beiwohnt, vollbringt ihr eine symbolische Handlung. Weil ihr euer Bett verlasst, euer Zimmer – eure Höhle –, um zum Sonnenaufgang zu gehen, zeigt ihr, dass ihr euch im Klaren darüber seid, dass ihr euch von der Stelle bewegen müsst, um erhellt, erwärmt und belebt zu werden.

Wer zu Gott betet, aber sich weigert, seine alte Lebensweise aufzugeben, gleicht demjenigen, der die Sonne darum bittet, ihm auf dem Grunde einer Grotte Licht zu bringen. Er vergeudet seine Zeit. Es ist an ihm, sich von der Stelle zu bewegen, sein Leben zu ändern, um das Licht und die Wärme der Sonne zu empfangen. Und da die Sonne das Symbol für den Herrn ist, wird dieser Mensch die Reichtümer empfangen, die der Herr überall im Weltraum verteilt hat. Alles ist da, in Hülle und Fülle, aber man muss sich aufmachen, es zu suchen.

V

DIE ROLLE DER ERDE

Die Sonne sendet uns ihre Energien nicht direkt; zuerst empfängt sie die Erde und gibt sie dann an uns weiter. Das ist ein sehr wichtiger Punkt. Durch ihre ätherischen Schichten dehnt sich die Erde Tausende von Kilometern über uns in den Raum hinein aus. Die wahre Oberfläche der Erde ist von der allgemein dafür gehaltenen sehr weit entfernt. Hier berühren wir nur ihren physisch-materiellen Körper, und die verschiedenen atmosphärischen Schichten gehören noch nicht zum kosmischen Raum, sondern zur Erde. Die Atmosphäre ist die Haut, die Aura unseres Planeten. Sie wird von kosmischen Energieströmen durchquert, die aus dem Weltraum kommen und sich umwandeln, sobald sie mit ihr in Berührung kommen.

Die Sonnenenergie, von der sich Pflanzen, Tiere und Menschen ernähren, wird also zunächst von der Erde aufgefangen und umgewandelt, bevor sie an diese verteilt wird. Aus dieser Sicht ist die Erde für uns genauso wichtig wie die Sonne. Wenn wir uns der Sonne aussetzen, empfangen wir ihre Strahlen nicht direkt; denn bevor sie uns berühren, mussten sie die Atmosphäre der Erde durchqueren und nur weil die Atmosphäre der Erde sie umgewandelt hat, können wir sie empfangen und in uns aufnehmen. Darum ist es wichtig, dass ihr eure Beziehungen zur Erde überprüft. Bemüht euch, immer in Harmonie mit ihr zu sein. Betrachtet sie mit Respekt, liebt sie, damit sie sich euch öffnet und euch all den Segen von Licht und Wärme überträgt, den sie von der Sonne empfangen hat.

VI

DIE EINHEIT VON SONNE UND ERDE

Im Frühling vollzieht sich die Vereinigung von Sonne und Erde. Die Sonne befruchtet die Erde, die ihre Strahlen empfängt und sie in sich aufnimmt, um Früchte in Überfluss hervorzubringen. Die Eingeweihten haben das Einwirken der Sonne auf die Erde beobachtet und dabei erkannt, dass dieser Vorgang der Befruchtung sich überall im Universum vollzieht, bis hinein ins Innenleben des Menschen. Im Menschen steht der Geist für die Sonne und die Seele für die Erde. Im Frühling sollte sich unsere Seele den Strahlen des göttlichen Geistes öffnen, so wie die Erde sich den Strahlen der Sonne öffnet, um befruchtet zu werden.

VII

DIE SONNE DER ERNEUERUNG

Jedes Jahr im Frühling erneuert sich alles. Welche Umwandlungen überall um uns herum! Eine neue Woge ergießt sich im Himmel und über die ganze Erde. Es genügt aber nicht festzustellen, dass die Flüsse fließen, die Vögel singen, Tausende von Pflanzen aus der Erde hervorsprießen und blühen oder die Bäume sich in Laub hüllen. Auch für uns gilt es, ein Werk zu vollbringen, ein Werk der Erneuerung. Jeden Morgen, wenn ihr zum Sonnenaufgang geht, dürft ihr an nichts anderes denken, als an diese Erneuerung. Lasst alle anderen Themen beiseite, alles, das bereits alt und verbraucht ist, um endlich das neue Leben zu empfangen und mit dem mächtigen Strom, der aus dem Herzen des Universums kommt, in Verbindung zu treten. Die Strahlen des Frühlings senden euch alles, was ihr an Energie und Anregungen für den Rest des Jahres braucht. Lasst sie nicht vorübergehen, ohne euch davon zu nehmen. Öffnet euch ihnen, um euch von diesen Kräften des Lichts, der Freude und der Auferstehung durchdringen zu lassen.

VIII

DAS KEIMEN

Auch wenn die Erde im Winter voll der verschiedensten Samen ist, kann keiner sprießen, denn es gibt nicht genügend Wärme und Licht. Also warten sie... Kommt aber der Frühling und mit ihm Wärme und Licht, beginnen all die unsichtbaren Samen im Verborgenen zu keimen und zu sprießen. Jedes menschliche Wesen ist ebenfalls eine Erde, in die der Schöpfer Samen gelegt hat, gute Eigenschaften, Tugenden, Begabungen. Und wenn sie noch nicht erschienen sind, dann deshalb, weil sie wie die Samen sind, die von der Sonne noch nicht bestrahlt und erwärmt worden sind.

Geht daher zur Sonne. Sie wird sie erwärmen und sie am helllichten Tage hervorsprießen lassen. Wenn ich aber von der Sonne spreche, meine ich damit natürlich zunächst die geistige und erst dann die physische Sonne. Die Sonne der physischen Welt dient hier nur der Verdeutlichung der Geschehnisse in der geistigen Welt. Aber wie viele unter euch glauben an die Kraft der geistigen Sonne, um die in ihnen verborgenen Fähigkeiten und Tugenden zum Vorschein kommen zu lassen? Ihr findet, dass es nicht nötig ist, euch ihrem Licht und ihrer Wärme auszusetzen. Daher ist es nicht verwunderlich, wenn nichts auf eurer Erde wächst! Ihr bleibt in Dunkelheit und Kälte; euch fröstelt und ihr seid unglücklich. Warum nähert ihr euch nicht der Sonne, dem Herrn, um euch daran zu erfreuen, wie all diese kleinen Keime in eurer Seele wachsen? Wenn ihr die Sonne betrachtet, versucht endlich aus ganzem Herzen, eine geistige, göttliche, starke Kraft auszulösen. Ihr müsst jetzt mit dieser Arbeit beginnen, wenn ihr wollt, dass sich die Verwirklichung eures Tuns in der anderen Welt fortsetzt.

IX

DER KREISLAUF DES LICHTS

Ein Sonnenstrahl ist nicht nur ein Photonenstrom, wie es uns die Physik darstellt. Ein Sonnenstrahl kann mit einem Zug mit Milliarden kleiner Wagen verglichen werden, die überall in den Raum nicht nur die notwendigen Elemente zum Leben und Wachstum der Pflanzen, der Tiere und der Menschen transportieren, sondern noch viel feinstofflichere Quintessenzen, die wir für unsere spirituelle Entwicklung nutzen können. Ja, die Sonnenstrahlen sind mit kleinen Wagen voller Lebensmittel vergleichbar! Sie kommen in aller Eile auf die Erde, wo sie sich leeren, ihre Schätze verteilen und dann auf unsichtbarem Weg aufs Neue zur Sonne zurückkehren. Es ist ein großartiger Kreislauf. Und in diesem Zug gibt es nicht nur Lebensmittel, sondern auch eine große Zahl von Geschöpfen, die zur Verrichtung einer Arbeit auf die Erde kommen und dann wieder zur Sonne zurückkehren, um sich zu erholen und wieder aufzuladen.

Dieser Kreislauf der Sonnenstrahlen im Weltraum findet sich auch in uns wieder. Unser Herz schickt wie die Sonne mit Strahlen beladene Züge zu allen Organen des Körpers, die von Millionen Bewohnern bevölkert sind. Dort lassen sie ihre Ladung, nehmen aber gleichzeitig Unreinheiten auf und bringen sie fort. Deshalb folgen sie – bevor sie in die Sonne zurückkehren – einem bestimmten Weg, um die Abfälle, die sie während ihrer Reise angesammelt haben, wieder loszuwerden und sich zu reinigen. Der Blutkreislauf durch Arterien und Venen ist nur eine Nachahmung des Kreislaufes des Sonnenlichts im Weltraum; denn das Sonnensystem ist ein Organismus, dessen Herz die Sonne ist. Und das Licht ist das Blut, das dieses Herz aussendet, um die verschiedenen Teile dieses Organismus zu nähren. Die gesamte Schöpfung verdankt ihr Bestehen diesen Strahlen, die die Erde, die Ozeane, die Atmosphäre, den Raum, die anderen Planeten sowie alle Geschöpfe, die dort leben, aufsuchen.

X

DIE ERNEUERUNG UNSERES ORGANISMUS

Der Mensch wurde nicht erschaffen, um so schnell zu altern und zu sterben. Es gelingt ihm aber nur deshalb nicht, seine Gesundheit zu bewahren und länger zu leben, weil er nicht weiß, wie er vorgehen muss, um die Materie seines Körpers zu erneuern. Beim Sonnenaufgang könnt ihr lernen, diese Arbeit auszuführen. Ihr betrachtet die Sonne und konzentriert euch auf sie. Dabei stellt ihr euch vor, dass all diese Lichtteilchen, die sie in den Raum hinausstrahlt, in euch eindringen und die trüben, verbrauchten, krankhaften Teilchen vertreiben, um ihren Platz einzunehmen.

Vertreiben und ersetzen, das ist die wahre Auffassung von Gesundheit. Es ist deswegen so wichtig zu wissen, wie man diese feinstofflichen Goldteilchen auffängt, die die Sonne ausstrahlt, weil allein sie wahrhaft rein sind. Alles, was ihr esst, trinkt, einatmet, hinterlässt in euch immer einige Abfallstoffe, die man nie ganz und gar wieder loswerden kann. Nur die Sonnenstrahlen hinterlassen überhaupt keine Abfälle. Deshalb sollte man lernen, dieses höhere Element, das Licht, in sich aufzunehmen. Versucht aus ganzem Herzen, aus ganzer Seele, diese göttlichen Partikel aufzufangen, um sie zu einem Teil von euch selbst zu machen. Auf diese Weise werdet ihr nach und nach die Materie eures Organismus erneuern.

XI

DAS PRANA

Das Licht ist die Quintessenz des Universums. Morgens beim Sonnenaufgang haben wir die Möglichkeit, dieses lebendige Licht in uns zu intensivieren, dank des Prana, das in der Luft enthalten ist. Prana ist Lebensenergie, die überall in der Natur vorkommt, in der Erde, im Wasser, in der Luft, im Feuer, aber überwiegend wird es durch die Sonnenstrahlen transportiert. Wir können es durch die Atmung auffangen und in uns aufnehmen.

Jedes dieser Pranateilchen ist wie ein Tropfen kristallklaren Wassers, eine schwebende, von Licht erfüllte kleine Kugel. Wenn wir aufrichtig beten und auf die Sonne konzentriert sind, nehmen wir durch die Atmung einige dieser Kügelchen, dieser feinstofflichen Partikel in uns auf, und auf diese Weise stärken wir unseren physischen Organismus.

XII

DIE SONNE, DAS ABBILD GOTTES

Die wahre Religion ist die Sonnenreligion. Denn durch die Sonne kann man sich jeden Tag mit dem Göttlichen verbinden. Wenn Gott fern, unerreichbar, unergründbar bleibt, so kann uns das nicht bei unserer Umwandlung helfen. Die Sonne hingegen, die mit ihrem Licht und ihrer Wärme Leben spendet, ist spürbare, kraftvolle Realität. Es ist der Christusgeist, der durch die Sonne hindurch wirkt, um uns zu beleben.

Hermes Trismegistos hat gesagt: »Das, was unten ist, ist wie das, was oben ist, und das, was oben ist, ist wie das, was unten ist.« Warum begreift man nicht, dass die Sonne, die unten ist in der physischen Welt, wie die Sonne, die oben ist, der Herr? Hinter der Sonne, die für uns sichtbare, spürbare Wirklichkeit ist, gibt es den Herrn, die Liebe, die Weisheit und die Kraft des Herrn. Die physische Welt ist das Abbild der geistigen Welt, und wenn man das, was es auf der Erde gibt, beobachten kann, sieht man, was im Himmel existiert. Darum werdet ihr die Wahrheit über die Grundprinzipien der Religion nur im großen Buch der lebendigen Natur finden, der Spiegelung der himmlischen Welt. Man muss in diesem Buch der Natur lesen können, von dem wir selbst ein Teil sind.

Die Christen weigern sich, der Sonne in ihrem spirituellen Leben einen Platz einzuräumen unter dem Vorwand, man dürfe nur Gott allein rühmen und anbeten. Sind sie aber fähig, bis zu Ihm vorzudringen? Nein, und so bleiben sie in der Leere. Weil man nur den Herrn verehren darf, spüren sie nichts und begreifen nichts. Warum will man nicht erkennen, dass die Sonne das Einzige ist, was uns dem Herrn näherbringen kann, indem sie uns ein Bild Seiner Größe, Seines Lichts, Seiner Liebe und Seiner Macht vermittelt?

XIII

DIE LEBENDIGE VERBINDUNG MIT DER SONNE

Damit ihr mit der Sonne in Verbindung treten könnt, müssen zwischen euch und ihr erst wahre, lebendige Bande geknüpft werden.

Betrachtet die Erde. Sie kreist um die Sonne und bittet sie: »Oh, liebe Sonne, schick mir dein Licht und deine Wärme, damit ich nicht trübe, kalt und unfruchtbar werde.« Ja, während die Erde um die Sonne kreist, gibt sie ihr ihre Liebe und ihr Vertrauen, und die Sonne sendet ihr dafür ihren Segen. Wenn die Erde nichts geben wollte, würde sie auch nichts empfangen. Erst im Austausch kann alles blühen und gedeihen.

Ob ihr an die Sonne, den Geist, an Gott denkt, es ist immer das gleiche Prinzip. Die Sonne ist das Symbol des Geistes, das Symbol Gottes, um den herum wir kreisen müssen, um eine beständige

Verbindung zwischen Ihm und uns herzustellen. Dann geschieht Folgendes: Da das, was unten ist, wie das ist, was oben ist, so existieren gleich den irdischen Banken auch himmlische Banken. Ihr sendet also der Zentralbank – der Sonne – eine bestimmte Summe, das heißt großzügige, edle Gedanken und Gefühle und ganz besonders Dankbarkeit und je mehr Zeit vorübergeht, desto mehr Zinsen gibt es, die ihr auf diese Summe bekommt.

Sobald ihr gelernt habt, die Sonne bewusst zu betrachten, werdet ihr spüren, dass zwischen ihr und euch Ströme zu kreisen beginnen, die Formen und Farben einer neuen Welt hervorbringen. Ihr werdet Kräfte und intelligente Wesen anziehen, die herbeikommen, um in dieser Schönheit, diesem Dialog, dieser Unterhaltung zwischen der Sonne und euch zu singen, zu tanzen und zu baden.

XIV

DIE DREIEINIGKEIT IN DER SONNE: LICHT, WÄRME UND LEBEN

Der Mensch manifestiert sich als ein denkendes, fühlendes und handelndes Wesen. Er denkt mit seinem Intellekt, er fühlt mit seinem Herzen und handelt mit seinem Willen. Das Ideal des Intellekts ist die Weisheit, des Herzens die Liebe und des Willens die Kraft. Weisheit, Liebe und Kraft sind die drei Attribute, durch die sich auch die Gottheit definiert.

Die christliche Religion stellt die Dreieinigkeit als das Mysterium eines Gottes in drei Personen dar, Vater, Sohn und Heiliger Geist, doch in Wirklichkeit handelt es sich um drei Formen, in denen sich die Gottheit manifestiert. Der Vater steht für die Kraft (das Leben), der Sohn für die Weisheit (das Licht), und der Heilige Geist für die Liebe (die Wärme). Doch wo können wir ein ausdrucksvolleres Bild für die Kraft, die Liebe und die Weisheit Gottes finden als im Leben, der Wärme und dem Licht, die die Sonne jeden Tag ins Universum verströmt?

Aber versteht mich richtig, ich behaupte nicht, dass die Heilige Dreieinigkeit sich im Licht, in der Wärme oder im Leben der Sonne befindet. Sie steht unendlich darüber. Aber durch dieses Licht, diese Wärme und dieses Leben der Sonne können wir die Heilige Dreieinigkeit anrufen, erreichen, berühren, sie in uns eindringen lassen. Durch unseren Intellekt, unser Herz und unseren Willen sind auch wir eine Dreiheit, wenn auch eine recht unvollkommene, der noch das göttliche Licht, die göttliche Liebe und das göttliche Leben fehlen. Indem wir die Sonne, das beste Bild der Dreieinigkeit, liebevoll betrachten und lernen, mit ihr zu arbeiten, geben wir dieser kleinen Dreiheit in uns die Möglichkeit, lichtvoller, warmherziger und lebendiger zu werden. Sie nähert sich auf diese Weise immer mehr der großen Dreieinigkeit Vater, Sohn und Heiliger Geist, und so wird auch sie eines Tages heilig.

XV

DAS PRINZIP EINER UNIVERSELLEN RELIGION, DIE SONNE

Eine Religion kann nur universell sein, wenn sie auf den Grundbedürfnissen der Menschen basiert. Das Symbol dieser universellen Religion ist die Sonne. Warum? Weil die ganze Welt sie braucht, die ganze Welt sie versteht, die ganze Welt sie liebt. Die Ereignisse beweisen es ständig: Die Christen brauchen nicht die Götter der Buddhisten, die Buddhisten nicht den Gott der Christen, die Moslems nicht den Gott der Juden usw. Hinter der Sonne hingegen befindet sich der Gott aller Menschen.

Alle Religionen der Welt, die den Schwerpunkt auf Kenntnisse, Glaubenssätze und Riten legen, die sich von dieser grundlegenden Realität entfernen, nämlich Licht, Wärme und Leben, sind die Ursache für größtes Unglück. Wenn sich die Menschen doch endlich der Sonne zuwenden würden, um ihre Lektion zu lernen. Ist die Sonne über unsere Ansichten entrüstet? Nein, sie ist geduldig und tolerant. Sie sagt: »Glaubt, was ihr wollt, ich werde weiterhin meine Reichtümer an euch austeilen.« Sollen sich die Menschen also bis auf den letzten umbringen, um sich gegenseitig die Vorstellung von einem Gott aufzudrängen, den noch keiner von ihnen gesehen hat!

Ihr meint, dass man Gott nicht sehen kann. Doch, man kann Ihn sehen: eben in der Sonne. Denn es ist die Sonne, die am besten die göttliche Vollkommenheit zum Ausdruck bringt. Sie gibt beständig allen ihr Licht, ihre Wärme und ihr Leben, ohne sich darum zu kümmern, ob jemand orthodox, katholisch, protestantisch, jüdisch, moslemisch oder buddhistisch ist. Für die Sonne sind alle Kinder Gottes. Früher oder später wird man diese großen Wahrheiten nicht mehr leugnen können. Die ganze Welt wird zur einzig wahren Religion des Christus hinfinden. Christus ist der Geist der Sonne. Es geht gewiss nicht darum, einen Kult um die Sonne zu machen, die wir am Himmel strahlen sehen, sondern darum zu spüren, dass hinter dieser Sonne, hinter diesem Symbol der Herr selbst gegenwärtig ist, voller Liebe.

XVI

DAS BILD DER VOLLKOMMENHEIT

Die Sonne ist das Bild der Vollkommenheit und darum sollte man sich bemühen, sie als Vorbild zu nehmen. »Aber was kann uns die Sonne lehren«, fragt ihr, »sie ist eine Feuerkugel, die weder denkt noch spricht!« Nun gerade darin täuscht ihr euch. Ihr Licht, ihre Wärme und ihr Leben sind eine Sprache und zwar eine der ausdrucksvollsten, ausdrucksvoller als das Wort.

Seht nur, die Sonne sendet ihr Licht und ihre Wärme ins Universum hinaus ohne sich darum zu kümmern, ob diejenigen, die sie empfangen, dankbar dafür sind. Ist das etwa keine Sprache? Darum ist sie auch glücklich. Ja, glaubt mir, es gibt kein größeres Glück als das der Sonne, weil sie nichts erwartet, weil sie mit der größten Selbstlosigkeit gibt. Ob die Menschen nun intelligent oder dumm, gut oder kriminell sind, ob sie ihre Gaben verdienen oder nicht, sie erleuchtet, erwärmt und belebt sie alle ohne Ausnahme. Darin ist sie einzigartig!

Selbst die herausragendsten Menschen, die je gelebt haben, haben doch irgendwie Partei ergriffen, hatten irgendwelche Vorlieben oder zeigten Regungen der Ungeduld oder des Nachtragens. Ja, selbst die größten Propheten, selbst die größten Meister haben sich nicht gänzlich von dem Bedürfnis befreien können, das Gesetz der Gerechtigkeit anzuwenden und die Bösen zu bestrafen. Nichts ist schwieriger als niemals ein Gefühl der Bitterkeit zu haben. Allein die Sonne ist dazu wirklich fähig. Darum ist auch sie als Einzige in der Lage, euch die besten Voraussetzungen zu verschaffen, alle Wesen in eurer Umgebung zu lieben und ihnen zu helfen. Solange man dieses Vorbild an Wärme und Licht nicht besitzt, lässt man sich leicht zu niederen Äußerungen hinreißen. Seht nur, was in der Welt geschieht. Überall kann man sehen, wie Menschen andere ausnutzen, sie beherrschen, sie zugrunde richten. All das ist nicht besonders ruhmreich! Mit der Sonne hingegen habt ihr das Bild eines strahlenden, großzügigen Wesens und werdet davon beeinflusst. Und selbst wenn sie kein intelligentes, vernunftbegabtes Wesen in unserem Sinne wäre, so kann doch die Hinwendung zu ihrer Wärme und ihrem Licht euch nur zu den brüderlichsten Gefühlen bezüglich der anderen anregen zu Geduld, Nachsicht, Vergebung.

Sicher, es wird euch niemals gelingen, das Licht, die Wärme und das Leben der Sonne zu erlangen, aber allein schon der Wunsch dazu wird euch in himmlische Bereiche bringen, wo ihr wahre Wunder vollbringen werdet; denn dieser Wunsch, die Geschöpfe zu erleuchten, zu erwärmen und zu beleben, wird euch selbst lichtvoller, warmherziger und lebendiger machen.

XVII

DIE ERDE DER LEBENDIGEN

Der Weltraum wird von unzähligen Wellen durchquert. Die Wissenschaft hat Geräte entwickelt, mit denen sie einige davon auffangen kann. Aber es existieren noch andere, feinstofflichere Wellen. Wir können lernen, sie aufzufangen, denn wir besitzen die Mittel dazu. Der Schöpfer hat psychische Zentren in uns eingerichtet, mit denen wir Wellen empfangen können, die von den Wesen der geistigen Welt ausgesandt werden. Das funktioniert genauso wie bei Radiosendungen: Wenn man sie empfangen will, muss man sein Gerät genau auf die richtige Frequenz einstellen.

Die Arbeit des Schülers besteht darin, sein Bewusstsein für die Existenz dieser weit entfernten Welten zu öffnen, die ihm beständig Botschaften senden. Wenn ihr daher zum Sonnenaufgang geht, denkt lieber daran, euch mit den himmlischen Stationen zu verbinden, anstatt immer nur eure Unzufriedenheit und eure ungelösten Probleme wiederzukäuen. Lernt die Apparate zu benutzen, die Gott euch mitgegeben hat, um mit der Sonne und ihren Bewohnern in Verbindung zu treten, euch mit ihnen zu harmonisieren und in ihre Aura, ihr Glück, ihr Licht und ihren Frieden einzutreten. Wenn ihr nur einige Wellen auffangen könntet, würdet ihr all diese Wesenheiten von eurer Zukunft erzählen hören, von Reichtümern, die ihr besitzt und von dem Leben, das ihr führen werdet, wenn euer Bewusstsein erwacht. Ja, die Sonne spricht zu euch, sie singt für euch. Wie könnt ihr das nicht hören?

Ihr solltet wissen, dass jenseits dieser weiß glühenden Feuerkugel eine Welt existiert, die von den am weitesten entwickelten Geschöpfen bewohnt wird, die die Planeten regieren. Es sind die Schwingungen dieser Geschöpfe, die sich im Raum zu Wärme und Licht umwandeln.

Die Sonne ist die Erde der Lebendigen, die in den Psalmen erwähnt wird: »Ich werde vor dem Ewigen wandeln auf der Erde der Lebendigen.« Ja, diese Erde der Lebendigen ist die Sonne. Das Licht, das den Raum durcheilt, das uns erleuchtet und belebt, stammt nicht von der Sonne selbst, sondern von ihren Bewohnern. Die Sonne ist eine fruchtbare und kultivierte Erde, auf der sich eine ganze Zivilisation ausbreitet, die das Werk dieser erhabenen Wesen ist. Sie sprechen zu uns, beobachten uns. Lächeln uns manchmal zu, wo aber sind wir währenddessen?

XVIII

UNSER HERZ DER SONNE GEBEN

In der Natur wird das Herz dargestellt durch das Wasser, das Meer, die Ozeane. Die Natur bietet ihr Herz dar, setzt es der Sonne aus und sagt: »Mein Herr, ich gebe Dir mein Herz, mein Blut. Bediene Dich seiner, damit Pflanzen, Tiere und Menschen im Überfluss leben können.« Die Sonne nimmt einen Teil dieses Blutes, zieht es empor, füllt es mit spirituellen Gaben und wenn es dann zurück auf die Erde fällt, profitieren alle Geschöpfe davon und freuen sich.

Jeder kann in sich selbst diese Gabe des Ozeans an die Sonne wiederholen und dem Herrn sein Herz öffnen: »Hier Herr, ich gebe es Dir.« Dieses feurige Gebet, dieses im Herzen des Menschen vollzogene Opfer ist mit dem vergleichbar, was in der Natur geschieht. Dank der Sublimierung seiner Liebe, seines Blutes, begegnet der Mensch der Sonne, Gott selbst, und diese Begegnung bereichert ihn mit neuen, göttlichen Essenzen, die sich seinem ganzen Wesen mitteilen.

XIX

DAS LICHT TRINKEN

Das Licht ist eine Nahrung, die ihr jeden Tag zu euch nehmen und assimilieren könnt, damit es in euch zu Empfindungen, Gedanken und Inspiration wird.

Macht euch folgende Übung zur Gewohnheit: Ihr seid beim Sonnenaufgang und wartet auf den ersten Sonnenstrahl. Ihr wartet aufmerksam, und wenn der erste Strahl erscheint, versucht ihr, ihn zu trinken, einzuatmen. Auf diese Weise beginnt ihr, die Sonne zu trinken. Anstatt sie nur zu betrachten und normal zu atmen, atmet ihr sie bewusst ein, ihr trinkt sie, ihr esst sie und stellt euch vor, dass sich dieses lebendige Licht in all euren Zellen und Organen ausbreitet, sie stärkt, belebt und reinigt. Diese Übung wird euch helfen, euch zu konzentrieren und euer Bewusstsein wachzuhalten. Es ist dieses Bedürfnis, immer weiter zu trinken, das euch wach hält. In dem Moment ändert sich alles. Eure Seele öffnet sich, eine Quelle sprudelt, ihr lasst euch vom Zauber der Morgenröte erfüllen, und etwas von diesem reinen Licht, in dem ihr badet, dringt nach und nach in euch ein.

Als Zarathustra Ahura Mazda fragte, wie sich der erste Mensch ernährt hat, antwortete ihm der Gott: »Er aß Feuer und trank Licht.« Warum sollten nicht auch wir lernen, Feuer zu essen und Licht zu trinken, um zur Vollkommenheit des ersten Menschen zurückzukehren?

XX

DAS GOLD, KONDENSIERTES SONNENLICHT

Wir sind Goldsucher. Wir sind wie diese Menschen, die unablässig die Flussbette durchwühlen, um ein paar kleine Goldkörner zu finden. Denn auch wir wollen reich werden. Aber anstatt den Sand der Flüsse durchzusieben, betrachten wir aufmerksam den Sonnenaufgang, um das Licht der Sonne aufzufangen und es in uns zu verdichten zu Inspiration, Liebe und Freude, denn das ist das wahre Gold.

Die Alchimisten, die diese Frage genauestens studiert haben, sagten, Gold sei nichts anderes als das in den Eingeweiden der Erde kondensierte Sonnenlicht. Ja, es ist die Sonne, die das Gold produziert. Jeder ihrer Strahlen ist Gold, und der Mond ist die Widerspiegelung dieses Goldes. Durch den Raum gelangen die Sonnenstrahlen bis zur Erde, durchdringen sie, verdichten sich dort und werden zu dem Metall, das wir Gold nennen. Die Sonne bringt ätherisches Gold hervor und die Erde festigt es. Manche Alchimisten konnten sogar diesen Prozess der Kondensation umkehren und in diesem physischen Gold die Wärme, das Licht und die Kraft der Sonne wiederfinden. Dank gewisser Methoden ist es ihnen gelungen, aus einem Goldplättchen all das herausziehen, was die Sonne seit Jahrtausenden dort hineingegeben hat.

Man weiß noch nicht, welche Energie sich in ein paar Gramm Gold verbirgt, und auch nicht, wie man sie ihm wieder entziehen kann. Es ist die Sonne, die all diese Materie mit ihrer Energie angefüllt hat, und darin liegen die größten Mysterien. Um aber Zugang dazu zu erhalten, müsst ihr zunächst ein Freund der Sonne werden, und sie selbst wird es euch dann eines Tages enthüllen. Sie wird euch verkünden: »Meine Strahlen sind die Boten meiner Seele, meines Herzens, meiner Liebe. Ich sende meine langen Arme weit hinaus und so haben sich all diese lebendigen Reichtümer kondensiert und sind zu Gold geworden.« Sie wird euch offenbaren, wie ihr aus ihrem Licht alles, was darin enthalten ist, gewinnen könnt. Aber man muss lange in Freundschaft mit ihr verbunden sein.

Es hängt also von euch ab, ob die Sonne sich öffnet, um euch all ihre Schätze auszuteilen. Je mehr ihr die Sonne mit Liebe betrachtet, desto mehr Goldteilchen werdet ihr empfangen in Form von Licht, Entzücken, Freude, Frieden, Gesundheit, Tatkraft und Stärke.

XXI

DER REICHTUM DER SIEBEN FARBEN

Lernt mit dem Licht der Sonne zu arbeiten, denn dieses Licht enthält alle Reichtümer. Wenn ihr beginnt, in den Besitz dieser Reichtümer zu gelangen, werdet ihr spüren, dass sich eure Beziehungen zu den Menschen allmählich verbessern. Warum? Nun, wenn man reich ist, wird man großzügig. Aber versteht mich richtig: Ich spreche vom wahren Reichtum, dem der großen Meister und Eingeweihten. Sie leben in einem solchen Überfluss, in einer solchen Fülle, wie könnten sie da nicht den anderen helfen wollen und sie lieben? Nur wer sich benachteiligt fühlt, wird mürrisch, neidisch oder gar rachsüchtig. Wenn ihr jemanden seht, der niemanden liebt, der innerlich nichts Edles oder Großzügiges hervorbringt, so ist das, weil er armselig und bedauernswert ist. Und wenn ihr nicht in die gleichen Fehler verfallen wollt, dann arbeitet mit den Sonnenstrahlen. Ihr kennt die

Reichtümer noch nicht, die die Sonnenstrahlen enthalten.

Die Sonne ist das Zentrum des universellen Wissens und der universellen Macht, und das wird durch die Strahlen der sieben Farben ausgedrückt. Die Farben entstehen durch die Zerlegung des weißen Lichts. Geistige Wesen wohnen in jedem Strahl und treten unterschiedlich in Erscheinung, je nach ihrer Farbe: Violett, Indigo, Blau, Grün, Gelb, Orange und Rot. Jede Farbe ist Ausdruck einer Tugend: Rot entspricht dem Leben, der Liebe; Orange der Gesundheit und Heiligkeit; Gelb der Weisheit; Grün der Evolution und Ewigkeit; Blau der Wahrheit und dem Frieden; Indigo der Kraft; Violett der geistigen Liebe und der göttlichen Allmacht. Arbeitet mit den Tugenden der sieben Farben und ihr werdet beginnen zu verstehen, was wahrer Reichtum ist.

XXII

DAS EINDRINGEN DER SONNENSTRAHLEN

Die Sonne durchdringt die Erde, macht sie fruchtbar und diese bedeckt sich mit Blumen und Früchten. Die ganze Welt empfängt Nahrung dank dieser Durchdringung der Erde durch die Sonne. Es lohnt sich daher, über dieses große Mysterium zu meditieren.

Die Sonne sendet ihre Strahlen aus; aber ihr dürft euch nicht damit zufrieden geben, sie in der gleichen Weise zu empfangen wie die Pflanzen oder Tiere. Ihr habt eine regelrechte Arbeit mit dem Denken auszuführen, damit die Strahlen euch durchdringen, so wie ihr die Nahrung, das Wasser und die Luft durchdringt. Wendet ihnen daher eure ganze Aufmerksamkeit zu, wendet euch an die Sonnenstrahlen: »Oh, ihr lichtvollen Strahlen, kommt und tretet in mich ein!« In dem Bewusstsein, dass die Sonne euch durch ihre Strahlen ihr Leben, ihre Liebe und ihre Weisheit sendet, bereitet ihr euch vor, diese zu empfangen. Ihr öffnet in euch Tausende von Türen, durch die diese Strahlen eintreten können. Ihr verbessert damit nicht nur eure Gesundheit, sondern reinigt auch eure Gefühle und erhellt eure Gedanken. Diese Strahlen sind lebendig, stark und reich, und ihr könnt euch vorstellen, dass ihr sie in euren Gehirnzellen ansammelt und ganz besonders in eurem Solarplexus. Denn der Solarplexus gleicht einem Reservoir, das ätherische Teilchen ansammeln kann, und aus diesem Reservoir könnt ihr dann je nach Bedarf schöpfen.

Vergesst aber niemals, dass die Dinge in derselben Art auf euch einwirken, wie ihr sie betrachtet. Wenn ihr sie als nützlich, magisch, mächtig anseht, verstärkt ihr sie. Ihr selbst habt durch euer Denken und eure Überzeugungen einen entscheidenden Einfluss auf sie, ja, viel mehr als die Dinge oder Umstände. Das Licht kann natürlich ohne dieses Bewusstsein in euch eindringen, wenn ihr aber aufmerksam und bereit seid, an seiner Arbeit teilzunehmen – in der Überzeugung, dass etwas in euch wächst und größer wird – spürt ihr nach und nach neue Kräfte in euch vibrieren. Von diesem Augenblick an könnt auch ihr dieses Licht aussenden, das ihr von der Sonne empfangen habt.

Wenn ihr jemanden liebt und ihm wirklich helfen wollt mit eurer Liebe, so schickt ihm euer Licht, durchdringt ihn mit Strahlen eures Lichts und stellt euch vor, dass alle Organe, alle Zellen seines Körpers davon durchdrungen werden, damit er gewaschen, gereinigt, belebt und erneuert wird. Das ist die wahre Liebe! Ja, das wahre Geheimnis der Liebe liegt darin, die Wesen und Dinge mit den Gedanken, den Strahlen des Lichts durchdringen zu können.

XXIII

DER SONNEN-MENSCH

Wenn ein Sonnenstrahl auf irgendeinen Gegenstand oder irgendein Wesen fällt, bringt er ihnen etwas. Selbst die Steine brauchen dieses Leben, das sie von der Sonne empfangen. Denn die Steine, obgleich leblos, sind lebendig. Dieses Leben ist bei den Pflanzen, die dank des Sonnenlichts wachsen und sich mehren, noch leichter wahrzunehmen. Bei den Tieren wandeln sich Sonnenstrahlen nicht nur in Vitalität, sondern auch in Empfindsamkeit: Dank ihrer beginnen sie, Leid und Freude zu empfinden. Bei den Menschen schließlich wandelt sich das Sonnenlicht in Intelligenz, denn erst ab dem Menschenreich wird das Licht vollständig genug aufgenommen, um sich als Gedanken zu manifestieren.

Das Licht ist ein lebendiges Wesen, das von der Sonne herabsteigt und eine direkte Verbindung zu unserem Geist hat. Der Geist, der aus dem

Munde eines Menschen zu euch spricht, ist eine Emanation des Sonnenlichts. Es ist das Licht, das denkt und spricht, singt und erschafft. In dem Maße, wie sich das Licht seinen Weg in die menschliche Seele bahnt, spiegelt es sich in Form von Intelligenz, Liebe, Schönheit, Edelmut und Kraft wider.

Je mehr ein Mensch sich der Vollkommenheit nähert, desto mehr verschmilzt die Natur seiner Emanationen mit der Natur des Lichts: Wie das Licht breiten sie sich im Raum aus, und die Geschöpfe, die empfindsam genug sind, fangen sie auf und profitieren davon. Darum müssen die Menschen ihren wahren solaren Ursprung wiederfinden; denn es ist immer dieselbe Kraft, dieselbe Sonnenenergie, die ihrem ganzen Körper entströmt, den Händen, den Augen, dem Gehirn usw., und wie das Licht bringt sie ihren Segen den Steinen, Pflanzen, Tieren, Menschen, der gesamten Natur. Auch die Sexualkraft ist von der gleichen Wesensart wie die Sonnenenergie. Ja, die kosmische Intelligenz hat den Menschen auf so göttlich schöne Weise ersonnen, nur er selbst weiß nichts davon.

Der vollkommene, ideale Mensch, der Mensch, wie ihn die kosmische Intelligenz in ihren himmlischen Werkstätten geschaffen hat, ist mit der Sonne vergleichbar. Was von ihm ausgeht, ist von derselben Quintessenz wie das Sonnenlicht, aber im ätherischen Zustand. Darum berauben sich diejenigen der kostbarsten Schätze, die die Sexualkraft missbrauchen, anstatt zu begreifen, dass sie von der Heiligkeit des Sonnenlichts durchdrungen ist und dass sie sich ihrer für großartige Schöpfungen bedienen können.

Selbst wenn diese Vorstellung euch noch unmöglich, unglaublich erscheint, akzeptiert sie. Sie wird euch ermutigen, bewusster und Herr eurer selbst zu werden. Es wäre schade, solche Offenbarungen zu hören, wenn sie bei euch keine segensreichen Ergebnisse hervorbringen würden. Meditiert darüber und wünscht euch, diesem ursprünglichen Menschen gleich zu werden, wie er aus den Werkstätten des Herrn hervortrat, strahlend wie die Sonne.

XXIV

DIE SUCHE NACH DEM GIPFEL

Dem Sonnenaufgang beizuwohnen heißt, den Hang des geistigen Berges emporzuklettern, um den Gipfel zu erreichen. Die Suche nach dem Gipfel ist lang und beschwerlich, aber es ist die einzige, die sich lohnt, denn auf dem Gipfel befindet sich die Quelle allen Heils.

Indem ihr euch auf den höchsten Punkt konzentriert, seid ihr gezwungen, euch immer nach vorne auszurichten und neue Hindernisse zu überwinden. Ihr verlangt nach nichts anderem, als den Gipfel, die Sonne, Gott zu erreichen, und bekommt alles: Licht, Schönheit, Gesundheit, Wissen, Reichtum, Liebe, Glück.

Sicher, aufgrund der Dichte der Materie, die euch einhüllt, spürt ihr nicht sofort große Veränderungen. Aber in dem Maße, wie ihr euch bemüht, öffnet sich der Weg vor euch, eine Brücke entsteht zwischen euch und den himmlischen Regionen.

Eines Tages wird es euch genügen, euch einige Minuten auf diese Bereiche zu konzentrieren, um sogleich die Fülle zu spüren. Keine spirituelle Übung übertrifft die Gewohnheit, sich auf das Bild des Gipfels, die Sonne, zu konzentrieren. Es wird euch auf diese Weise gelingen, bestimmte Kräfte auszulösen. Von diesem Gipfel werden dann Befehle für euch ausgegeben und eure Gebete sind erhört.

Die Einweihungswissenschaft erklärt uns, dass wir nach dem Bild des Universums erschaffen sind. Auch in uns erhebt sich ein Gipfel, eine Sonne: das höhere Ich. Wenn wir uns daher auf den Gipfel des Universums, den Herrn, konzentrieren, Ihn bitten, Ihn anflehen, gelingt es uns, den Gipfel unseres eigenen Wesens zu berühren. Wir lösen auf diesem Weg so reine und feinstoffliche Schwingungen aus, dass sie auf ihrem Weg große Umwandlungen bewirken.

Um echte Erfolge zu erzielen, muss man immer bestrebt sein, den Gipfel zu berühren, den Punkt, der alles organisiert, der alles ordnet. Indem ihr euch dem Licht, der Wärme und dem Leben der Sonne annähert, nähert ihr euch auch dem inneren Gipfel, eurem höheren Selbst, Gott selbst, und empfangt Seinen Segen.

XXV

DER KÖRPER UND DAS BLUT CHRISTI

Die Sonne lässt nicht nur den Weizen, die Trauben und all die Früchte der Erde reifen, sondern man kann sagen, dass die ganze Vegetation nichts anderes ist als kondensiertes Sonnenlicht. Wenn man diese Wahrheit akzeptiert, wird man den Sinn der Worte Jesu begreifen, die er beim letzten Abendmahl an seine Jünger gerichtet hat. Die Evangelien berichten, dass Jesus das Brot und den Wein segnete und sprach: »Esst, das ist mein Fleisch, trinkt, das ist mein Blut. Wer mein Fleisch isst und mein Blut trinkt, der hat das ewige Leben.« Die Nahrung, hier durch Brot und Wein dargestellt, ist das Fleisch und das Blut Christi, weil sie das Fleisch und das Blut der Sonne ist. Brot und Wein, Weizen und Trauben, alles, was uns ernährt und unseren Durst stillt, ist eine Materialisation des Lichts, der Wärme und des Lebens der Sonne.

Das muss man unter dem Ausdruck »den Leib Christi essen und sein Blut trinken« verstehen.

Brot und Wein stehen für die gesamte Einweihungswissenschaft, die sich auf die beiden kosmischen Prinzipien gründet: das männliche Prinzip (symbolisiert durch das Brot) und das weibliche Prinzip (symbolisiert durch den Wein), die in allen Bereichen des Universums wirken. Brot und Wein sind zwei Sonnensymbole. Über Brot und Wein des Abendmahls – das zur Kommunion der Christen geworden ist – muss man daher die beiden Eigenschaften der Sonne sehen: ihre Wärme und ihr Licht, die das Leben hervorbringt. Die Wärme der Sonne ist die Liebe und ihr Licht die Weisheit. Jesus wollte daher sagen: »Wenn ihr mein Fleisch esst – die Weisheit – und mein Blut trinkt – die Liebe – werdet ihr das ewige Leben haben.«

Warum sollen wir den Leib Christi essen und sein Blut trinken? Um uns zu verwandeln! Doch wir werden uns niemals umwandeln, wenn wir uns nicht bemühen, den Sinn der Bilder und der Gegenstände, die die Religion uns präsentiert, zu vertiefen. Die Christen kommunizieren mit Hostien oder auch mit Brot und Wein, aber werden sie dadurch besser? Würden sie sich daran gewöhnen, jeden Tag mit dieser großen Hostie, der Sonne, zu kommunizieren, die sich vor ihnen am Himmel erhebt, und mit dem Wein, dem strahlenden Licht, so müssten sie sich verwandeln, weil die Sonne lebendig ist.

Man muss also sehr viel höher hinaufsteigen, um den Sinn der Worte Jesu zu finden. Alle Darstellungen, alle Symbole der Religion sind gut, man darf sie nicht ausmerzen, aber man muss ihr Verständnis vertiefen. Ihr sollt daher jetzt lernen, die Sonne, ihre Wärme und ihr Licht zu essen und zu trinken, und ihr werdet das ewige Leben haben.

XXVI

BETRACHTET DIE SONNE IMMER, ALS WÄRE ES DAS ERSTE MAL

Manche von euch erwidern: »Aber wenn man jahrelang zum Sonnenaufgang gehen muss, wird man sich irgendwann langweilen!« Wenn ihr sie nicht in der richtigen Weise betrachtet, dann werdet ihr euch mit Sicherheit langweilen. Lernt also, sie zu betrachten. Und wie? Indem ihr euch jeden Tag bemüht, sie so zu betrachten, als wäre es das erste Mal. In diesem Moment werdet ihr subtiles, immer neues Leben in ihr entdecken. Und das stimmt auch, es ist immer neu. Selbst die Astronomen haben dank ihrer Apparate eine Art von Leben auf der Sonne beobachten können, Strömungen, Strahlungen, Eruptionen…

Das Leben ist unerschöpflich, es gibt immer etwas Neues zu entdecken. Wie könnt ihr daher annehmen, dass ihr euch beim Sonnenaufgang langweilen werdet? Warum findet ihr es nicht langweilig, jeden Tag das gleiche Brot zu essen, das gleiche Wasser zu trinken? Ihr müsst wissen, dass es genauso geistige wie materielle Nahrung gibt. Genauso wie ihr jeden Tag Brot esst und Wasser trinkt, um euren physischen Körper zu ernähren, müsst ihr euch auch von der Sonne ernähren, von ihrer Wärme und ihrem Licht, um eure spirituellen Körper zu ernähren. Auf diese Weise werdet ihr wahrhaft lebendig. Bemüht euch also, den Sonnenaufgang jeden Tag so zu betrachten, als würdet ihr ihn zum ersten Mal sehen, und er wird euch immer neu erscheinen.

Verlag-Auslieferung

Éditions Prosveta S.A. – B.P. 12 – F-83601 Fréjus Cedex, (France)
Tel. (33) 04 94 19 33 33 – Fax (33) 04 94 19 33 34

DEUTSCHLAND
PROSVETA VERLAG GMBH
Postfach 16 52, 78616 Rottweil
Tel. 0741-46551, Fax 0741-46552
E-Mail: prosvetaorder@aol.com
Internet: www.prosveta.de

ÖSTERREICH
HARMONIEQUELL VERSAND
Hof 37/4, 5302 Henndorf
Tel. und Fax 06214 7413
E-Mail: info@prosveta.at
Internet: www.prosveta.at

SCHWEIZ
ÉDITIONS PROSVETA
Chemin de la Céramone 2
1808 Les Monts-de-Corsier
Tel. 021 9219218, Fax 021 9229204
E-Mail: prosveta@bluewin.ch
Internet: www.prosveta.ch

Adressen für weitere Länder: www.prosveta.com

Wenn Sie sich über die Anwendung der Lehre von Omraam Mikhael Aivanhov informieren möchten, wenden Sie sich bitte an eine der folgenden Adressen:

Deutschland
UWB e.V., Marienstr. 33, 78588 Denkingen
Internet: www.uwb-ev.de, E-Mail: uwb@uwb-ev.de

Schweiz
FBU, Chemin de la Céramone 13, 1808 Les-Monts-de-Corsier
Telefon 021-925 40 80, www.videlinata.ch

Österreich
UWB, Postfach 335, 5016 Salzburg
Internet: www.aivanhov.de, E-Mail: uwb@omraam.org